お年寄りが笑顔で楽しむゲーム&遊び②

思いっきり笑える
頭と体のゲーム&遊び集

三宅邦夫・山崎治美著

黎明書房

はじめに

　「パーにした両手を1回ポンと合わせたら，右手はチョキ，左手はグーを同時に出す。また両手を1回合わせて，今度は右手はグー，左手はチョキを同時に出す。」この一連の手遊びに，はじめは思うように指が動かず困っていても，いつしかしかめ面が緩んでケラケラと笑い出し，プルプルと体を震わせて笑い転げている……。

　これは私が高齢者講座の現場でよく行っている「ジャンケン体操」の様子です。参加者のユーモラスな姿に，私まで思わずケラケラ，プルプルしてしまいます。「右手はチョキ，左手はグーと手に言い聞かせて出す，頭の体操ですね！」と気づかれる参加者に，笑っていた私は感動し，崇高な気持ちになります。心が引き締まる瞬間です。

　「できた」「できない」と一喜一憂せず，「できたらほめたたえ，できなかったら笑いとばす」をモットーに，「笑って笑って，健康健康」を実践してきました。「笑いは百薬の長」で，元気印の高齢社会が明るい未来を創造する原動力になることが，私の人生の励みです。

　今回も遊びうたゲームの研究者である山崎治美さんとともに創作し，多くの現場で実践したゲームや遊びの中から，いつでもどこでも手軽にできて，1人や2人，みんなで楽しめるものを集めました。

　制作にあたっては，黎明書房の武馬久仁裕社長の助言と編集部の吉川雅子さんの協力をいただき，厚く感謝しております。

　末永いご愛読をいただきますとともに，指導される皆様ご自身も参加者とともに思いっきり笑って頭と体をリフレッシュし，ますます健康でご活躍されますよう祈念いたします。

　　　　　　　　　　　　　　　　　　　　　　　　　三宅邦夫

もくじ

はじめに　1

頭をきたえるゲーム＆遊び　・・・・・・・・・・　5

- ❶　同じ？ 違う？①　誕生"月"で集合　6
- ❷　同じ？ 違う？②　同じ色で集合　8
- ❸　同じ？ 違う？③　色カード集め　10
- ❹　同じ？ 違う？④　私の新聞さがし　12
- ❺　ジャンケン①　ジャンケンポンポン・1人で，みんなで　14
- ❻　ジャンケン②　ジャンケンポンポン・両足であと出し　16
- ❼　数で頭の体操①　サイコロ転がし，どちらが大？　18
- ❽　数で頭の体操②　サイコロ数字出し　20
- ❾　数で頭の体操③　サイコロ暗算　22
- ❿　数で頭の体操④　1〜31並べ　24
- ⓫　数で頭の体操⑤　合計64　26
- ⓬　数で頭の体操⑥　足して100！　28
- ⓭　数で頭の体操⑦　瞬間カレンダー計算遊び　30
- ⓮　形で頭の体操①　三角形パズル　32
- ⓯　形で頭の体操②　造形遊び　34
- ⓰　形で頭の体操③　丸丸づくり　36

もくじ

- ⑰ 形で頭の体操④　図柄合わせ　38
- ⑱ 形で頭の体操⑤　おはじき・お絵かき　39
- ⑲ 文字で頭の体操①　ことばづくり　40
- ⑳ 文字で頭の体操②　しりとり　42
- ㉑ 文字で頭の体操③　奇数画　43
- ㉒ 文字で頭の体操④　漢字完成　44
- ㉓ 文字で頭の体操⑤　二字熟語　46
- ㉔ 文字で頭の体操⑥　都道府県名　48

体がスッキリするゲーム＆遊び　‥‥49

- ❶ 手や腕を動かす①　なでて，たたいて　50
- ❷ 手や腕を動かす②　おはじき・あてひろい　52
- ❸ 手や腕を動かす③　碁石とり　54
- ❹ 手や腕を動かす④　かたつむりと葉っぱ　56
- ❺ 手や腕を動かす⑤　おうま・肩たたき　58
- ❻ 手や腕を動かす⑥　あんたがたどこさ　60
- ❼ 手や腕を動かす⑦　どんぐりころころ　64
- ❽ 投げる・キャッチする①　槍を作って，槍投げ　66
- ❾ 投げる・キャッチする②　輪を作って，輪投げ　68
- ❿ 投げる・キャッチする③　輪を作って，輪転がし　70
- ⓫ 投げる・キャッチする④　ケン輪を作って，ケン輪ごっこ　72
- ⓬ 投げる・キャッチする⑤　箱キャッチ　74
- ⓭ 足を動かす①　いちばんはじめは　76
- ⓮ 足を動かす②　ジャンケンで前進　78

- ⑮ 足を動かす③　真ん中の箱落とし　80
- ⑯ 足を動かす④　箱回転　82
- ⑰ 足を動かす⑤　足と手のジャンケン　84

ストレス解消ゲーム＆遊び　･･･････　85

- ❶ 声でスッキリ！①　ジャンケン，ワァー！　86
- ❷ 声でスッキリ！②　ジャンケン，バンザイ・負けました　88
- ❸ 音でスッキリ！①　パンパンパン　90
- ❹ 音でスッキリ！②　新聞てっぽう　92

本文イラスト・伊東美貴

頭をきたえる
ゲーム＆遊び

1 誕生"月"で集合

同じ？ 違う？①

　1か所に集まったとき，まとまりのよい月やバラバラに散らばってしまう月があって楽しいですよ。同じ生まれ月とあれば，親近感を覚えます。

◇何人でも

① リーダーの開始の合図で，自分の生まれ月を言いながら歩きます。
② 時間内に，同じ生まれ月の人同士が1か所に集まります。
③ リーダーは，例えば「1月生まれの人！」と聞いて挙手してもらうなどして，生まれ月ごとに12の月に分かれて集まっているかどうかを確認します。

◇バリエーション

誕生月の代わりに干支(えと)でもやってみましょう。同じ干支でもひとまわり違う人といっしょになったりして，幅広い人とのふれあいができ，楽しい雰囲気になります。

2 同じ？ 違う？② 同じ色で集合

　人数が多いほど楽しい雰囲気になり，首にレイ（輪）をかけて，まるでハワイ旅行をしているような気分ですよ。

◇作るも楽し

　紙テープ（5色くらい），はさみを用意します。

　紙テープを1.5メートルくらいの長さに切って，両端を結んでレイにします。

◇何人でも

① 1人1本ずつ，どの色でもよいのでレイを首にかけます。
② リーダーは「同じ色のレイをかけている人で集まってください」と指示します。
③ 自分のレイの色を言いながら歩き，同じ色の人同士が1か所に集まります。
④ 同じ色のレイをかけた人が全員，早く集まったグループがチャンピオン！

◎ **バリエーション**

　違う色のレイをかけた人で集まるようにしても，ワイワイガヤガヤと盛り上がります。「違う色のレイをかけている人ばかり3人で集まってください」など，人数を変えて挑戦しましょう。

＊人数が多い場合は紙テープの色数を増やします。

3 色カード集め

同じ？ 違う？③

カードが多いほどカラフルで楽しい気分になり，やる気満々になりますよ。

◇作るも楽し

折り紙（15×15センチの大きさが適当，10色以上），厚紙，はさみ，のりを用意します。

① 折り紙を4つに折って，折り目をつけます。
② 厚紙を折り紙と同じ大きさに切り，のりをぬります。
③ 厚紙と，折り紙の白い面を貼り合わせます。
④ 折り目に沿って切り離せば，4枚の正方形のカードができます。

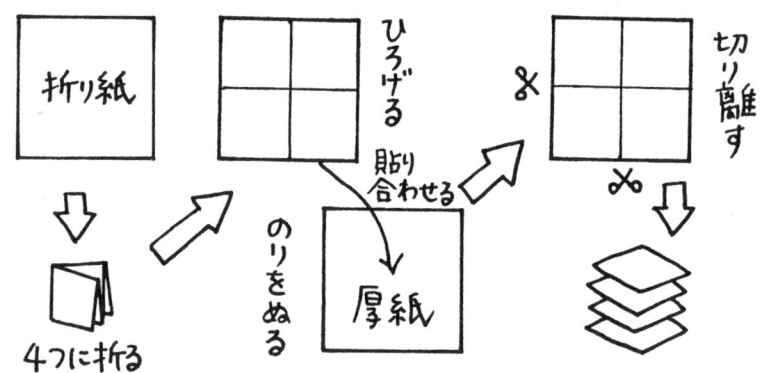

◇何人でも

① 色が見えるように，カードをバラバラに置きます。
② リーダーは，例えば「同じ色のカードを5枚集めてください」などと指示します。
③ リーダーの指示通りにカードを集めます。
④ 集めるカードの枚数を変えてくり返します。

頭をきたえるゲーム&遊び

◇バリエーション

● 指示の出し方を工夫しましょう。

　例)「違う色のカードを4枚集めてください」

　　　「同じ色のカードを2枚ずつ，3組集めてください」

● カードを色が見えないように裏返しに置いて，色集めをしてみましょう。

　＊めくったカードの色が自分のほしいものでなければ，必ず元に戻すように，ルールを徹底させます。

4 同じ？ 違う？④ 私の新聞さがし

　自分の新聞をしっかり記憶していなくて，他の人の新聞を自分のものと思い込んだり，ぼやぼやしていて，他の人に自分の新聞を先に持って行かれたり……。ちょっとしたパニックで，楽しい雰囲気になります。人数が多いほど盛り上がりますよ。

◇何人でも

　1頁全面に広告など1つの図柄が掲載された新聞紙を用意します。

① リーダーは参加者に新聞紙を1枚ずつ渡します。
② それぞれが自分の新聞紙の特徴（広告の図柄など）を記憶します。
③ リーダーは全員から新聞紙を回収し，裏返してバラバラに置きます。
　＊このとき，余分の新聞紙も置いておくとよいです。
④ リーダーの「ヨーイドン」の合図で，自分の新聞紙をさがします。
　＊めくった新聞紙が自分のものでなければ，必ず元に戻すように，ルールを徹底させます。

頭をきたえるゲーム&遊び

◇バリエーション

　それぞれの1頁の新聞紙を二分の一の大きさに切り離し、全員分を裏返してバラバラに置いてから、自分の新聞紙2枚をさがすようにしてもよいでしょう。

5 ジャンケン①
ジャンケンポンポン・1人で，みんなで

　1人で行う場合は1人2役。思い立ったらくり返し何回もやってみましょう。みんなで行う場合は，リーダー役を任された人はぼやぼやしていられません。責任を感じ，適度な緊張感もあって，活気づいてきます。

♪ジャンケン ポン ポン！

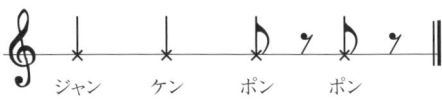

◇1人で

♪ジャンケン ポン

「ポン」で，片手でグー，チョキ，パーのいずれかを出す。

♪ポン！

反対の手で同じものを出す。

頭をきたえるゲーム&遊び

◇何人でも

♪ジャンケン ポン

参加者の1人がリーダーになって、「ポン」で、グー、チョキ、パーのいずれかを出す。

♪ポン！

他の参加者はリーダーと同じものを出す。

◇バリエーション

「ポン！」で、同じものを出す代わりに、勝つものや負けるものを出す遊び方にも挑戦してみましょう。

15

6 ジャンケン②
ジャンケンポンポン・両足であと出し

　頭ではわかっていても，相手につられてうっかり間違ったジャンケンを出してしまい，思わず苦笑するかもしれませんよ。

◇2人で

♪ジャンケン ポン

　2人（A，Bとする）が向かい合って，Aの人は，「ポン」で，片手でグー，チョキ，パーのいずれかを出す。

♪ポン！

　Bの人は両足で，Aの人に勝つように，グー，チョキ，パーのいずれかを出す。

頭をきたえるゲーム&遊び

◇何人でも

♪ジャンケン ポン

参加者の1人がリーダーになって,「ポン」で,片手でグー,チョキ,パーのいずれかを出す。

♪ポン！

他の参加者は両足で,リーダーに勝つように,グー,チョキ,パーのいずれかを出す。

＊間違えて負けやあいこになるものを出してしまった人は失格。

◇バリエーション

あと出しで勝つものを出す代わりに,負けるものやあいこになるものを出す遊び方にも挑戦してみましょう。

7 数で頭の体操①
サイコロ転がし，どちらが大？

　サイコロを作っていく過程も，貼ったり形を整えたり，とても楽しいですよ。

◇作るも楽し

　厚紙(5×5センチを6枚)，セロハンテープ，油性ペンを用意します。
① 　厚紙6枚をセロハンテープで貼り合わせて，立方体を作ります。
② 　立方体に1から6までの数字を書き，サイコロにします。
＊より大きなサイコロにしても，迫力が出ておもしろいです。

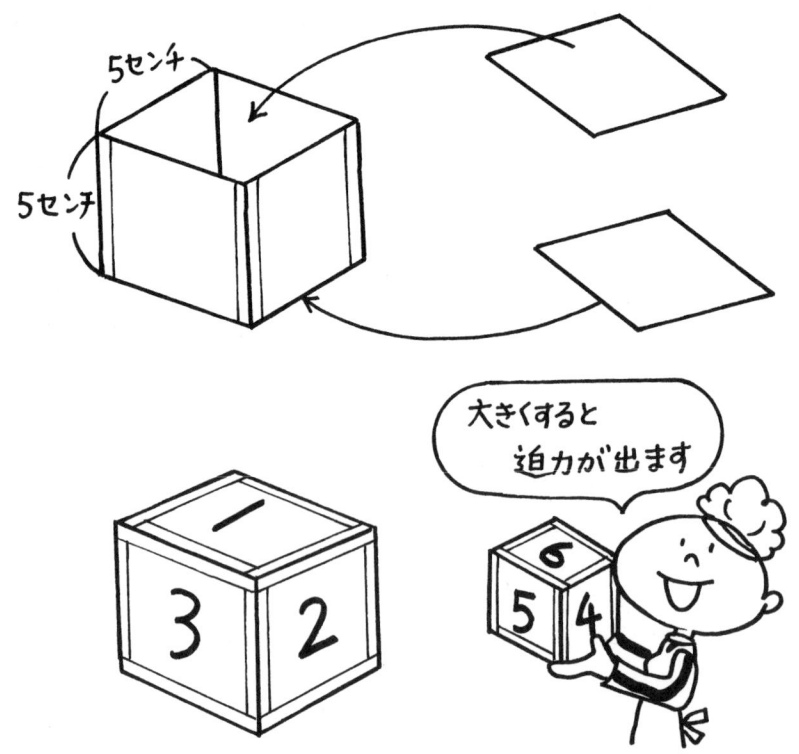

頭をきたえるゲーム&遊び

◇2人で

① サイコロを1人1個持ち，2人が同時に転がします。
② 出た数を比べて，より大きい人が1ポイントを獲得します（同じ数であった場合は，どちらのポイントにもなりません）。
③ これをくり返して，先に5ポイントになった人の勝ち。

◇バリエーション

　3，4人でもやってみましょう。人数が多いと混戦模様になって，闘志が燃えるかも……。

数で頭の体操②
サイコロ数字出し

1から18までの数字からさがすのは大変でも，3個のサイコロからさがすのだと思えば，気分が楽になりますよ。

◇作るも楽し

厚紙（5×5センチを18枚），セロハンテープ，油性ペンを用意します。
① 「サイコロ転がし，どちらが大？」（p.18参照）と同じ要領で，立方体を1人3個作ります。
② 3個の立方体の18の面に，1から18までの数字を1度ずつ書き，サイコロにします。

◇2人で

① 1人がリーダーになって，3個のサイコロに書かれた1から18までの数のどれかを，もう1人に見せます。
② 見せられた人は，自分の3個のサイコロから同じ数をすばやくさがしてリーダーに見せ，一致していればOK。

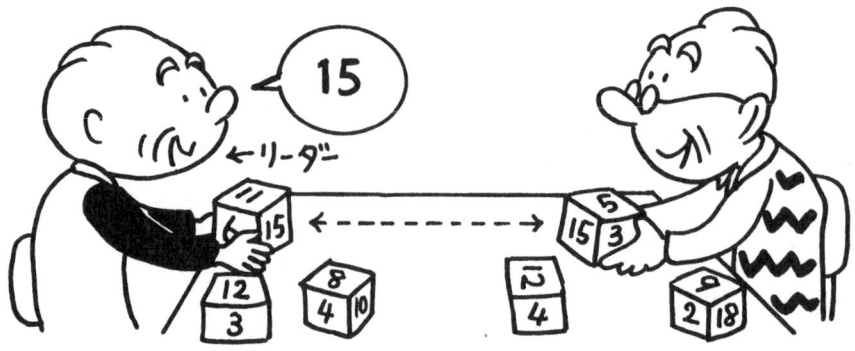

頭をきたえるゲーム&遊び

◇何人でも

① 参加者の1人がリーダーになって，3個のサイコロに書かれた1から18までの数のどれかを全員に見せます。

② 他の参加者は，自分の3個のサイコロから同じ数をすばやくさがしてリーダーに見せます。誰が早いか，挑戦！

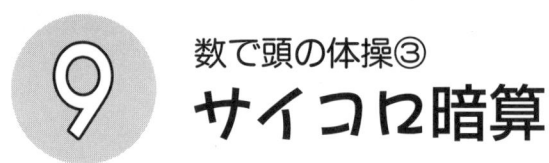

数で頭の体操③ サイコロ暗算

自分の暗算力を試したり，高めるのにもってこいです。

◇作るも楽し

厚紙（5×5センチを6枚），セロハンテープ，油性ペンを用意します。

「サイコロ転がし，どちらが大？」（p.18参照）と同じ要領で，サイコロを1人1個作ります。

◇1人で

① サイコロを1回振ります。出た数を，例えば「5」と声に出して言います。

② サイコロをもう1回振って，前に言った数と今出た数を足し算して，答えを声に出して言います（例えば6が出たら，5＋6で「11」）。

③ ②をあと8回くり返します（全部で10個の数を足し算する）。

頭をきたえるゲーム＆遊び

◇2人で

① 2人でジャンケンをして，勝った人はサイコロを振ります。
② 負けた人は，出た数を，例えば「5」と声に出して言います。
③ 勝った人は，サイコロをもう1回振ります。
④ 負けた人は，前に言った数と今出た数を足し算して，答えを声に出して言います（例えば6が出たら，5+6で「11」）。勝った人は答えが正しいか確認します。
⑤ ③④をあと8回くり返します（全部で10個の数を足し算する）。

◇バリエーション

- 10回までできたら，さらに回数を増やして，何回まで暗算できるか挑戦してみてもよいですね。
- 1分間でサイコロを次々と振り，出た数を合計していくやり方もあります。制限時間を変えても楽しめますよ。また，2人でやって，合計数が大きい人の勝ちとするのも盛り上がります。

10 数で頭の体操④
1〜31 並べ

　1から31までの31枚の数字カードさえあれば，いつでもどこでも手軽に楽しむことができます。

◇作るも楽し

　カレンダー（1日から31日まで載っているもの），厚紙，はさみ（またはカッターナイフ），のり（または接着剤）を用意します。

① 厚紙をカレンダーと同じ大きさに切り，一面にのりをぬります。
② 厚紙とカレンダーを貼り合わせ，はがれないようにしっかりとこすります。
③ 1日ずつ切り離せば，1から31までの31枚の数字カードができます。

厚紙にのりづけする

◇1人で

① 31枚のカードをごちゃごちゃにまぜます。
② 1から31まで，順番に並べます。

頭をきたえるゲーム&遊び

◇何人でも

① それぞれが自分のカードをごちゃごちゃにまぜます。
② リーダーの「ヨーイドン」の合図で，それぞれが1から31まで，順番に並べます。誰が早いか，挑戦！

◇バリエーション

全員のカードをまぜて床いっぱいに広げ，その中からカードをさがして1から31まで順番に並べるようにしても，楽しいですよ。

11 数で頭の体操⑤ 合計64

暗算がおっくうならば，えんぴつと計算用紙を用意してもよいでしょう。それでも結構難しいかもしれませんが，いろいろな数字の組み合わせがあって楽しいですよ。

◇作るも楽し

カレンダー（1日から31日まで載っているもの），厚紙，はさみ（またはカッターナイフ），のり（または接着剤）を用意します。
「1～31並べ」（p.24参照）と同じ要領で，31枚の数字カードを作ります。

◇1人で

① 31枚のカードを裏返しにしてまぜます。
② 裏返しのまま2枚を抜き出し，数字が見えるように表を向けて，両端に1枚ずつ置きます。
③ 残りのカードを表に向け，さあ，頭の体操です。あと2枚カードを加えて，4枚の合計が64になるようにします。
④ 最初の2枚のカードを変えてくり返します。

頭をきたえるゲーム&遊び

◇何人でも

① 参加者の1人がリーダーになって，2枚のカードを選んで全員に見せます。
② 他の参加者は，4枚の合計が64になるように，あとの2枚を自分のカードから選びます。
③ 最初の2枚のカードを変えたり，リーダーを交替したりしながらくり返します。

12 数で頭の体操⑥
足して100！

足して，引いて，残りの数をどのように配分するかが，腕の見せどころならぬ頭の見せどころですよ。

◇何人でも

ホワイトボード（または黒板），紙，えんぴつを用意します。
① リーダーは紙とえんぴつを参加者に配ります。そして，ホワイトボードに，例えば下のように書きます。

21 ○ ○ ○ 18

② 参加者も，紙に同じように書きます。
③ 1分以内に，○に一桁か二桁の数を入れて，5つの数の合計が100になるようにします。

◇バリエーション

　左右の数字や〇の数，制限時間などをいろいろ変えて，楽しみましょう。

13 数で頭の体操⑦
瞬間カレンダー計算遊び

　カレンダーに並んだ日にちをタテ，ヨコ，ナナメと足して遊びます。文字のタテ読み，ヨコ読み，ナナメ読みを連想すれば，「なーんだ，文字が数字に変わっただけ」と気分が楽になります。

◇何人でも

　大きなカレンダー（なければ模造紙に書いて作成），油性ペンを用意します。
① リーダーはカレンダーを全員から見えるように貼り，油性ペンで適当な範囲を示して「この合計はいくつでしょう？」と問いかけます。
② わかった人は，手をあげて答えます。

頭をきたえるゲーム＆遊び

◎バリエーション

1人でも楽しめますし，2人で問題を出し合ってもよいでしょう。カレンダーの数字の不思議を体験してみましょう。

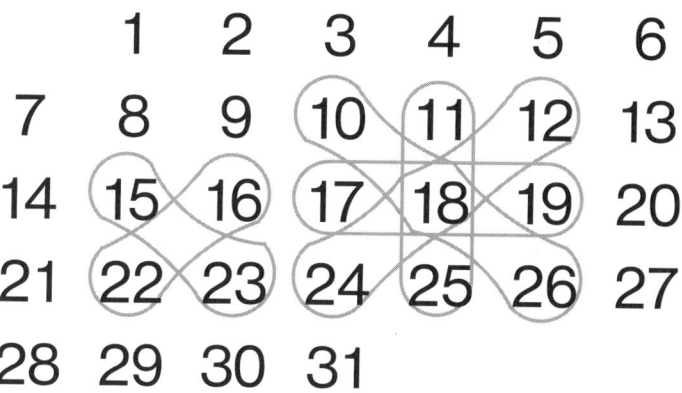

★ナナメに並んだ2つの数字と，それらと交差するようにナナメに並んだ2つの数字は，合計が同じになる。

　例）上の図の場合

　　　15＋23＝38　　16＋22＝38

★タテに並んだ3つの数字と，その真ん中の数を中心としてヨコとナナメに並んだ3つの数字の4組は，すべて合計が同じになる。

　例）上の図の場合

　　　タ　テ：11＋18＋25＝54

　　　ヨ　コ：17＋18＋19＝54

　　　ナナメ：10＋18＋26＝54　　12＋18＋24＝54

いろいろ計算して，確かめてみるとおもしろいでしょう。

14 形で頭の体操①
三角形パズル

8枚の三角形のカードを並べて、いろいろな形を作りましょう。うまくできると達成感があり、意欲がわいてきます。

◆**作るも楽し**

折り紙(15×15センチの大きさが適当、2枚)、厚紙、のり、はさみを用意します。

① 折り紙を2枚とも下の図のように4つに折って、折り目をつけます。

② 厚紙を折り紙と同じ大きさに2枚切り、のりをぬります。
③ 厚紙と折り紙の白い面を貼り合わせます。
④ 折り目に沿って切り離せば、8枚の三角形のカードができます。

◆**1人で**

8枚のカードをすべて使って、次のものを作ります。

① 正方形を2つ　　　　　② 正方形を1つ

  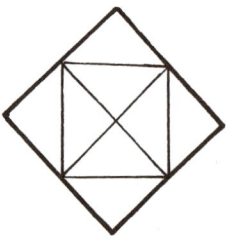

③ ②とは違う並べ方で、正方形を1つ

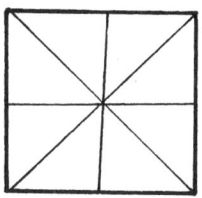

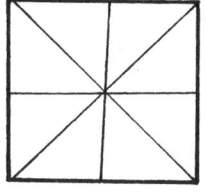

④ 三角形を2つ　　⑤ 三角形を1つ

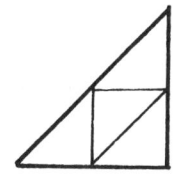

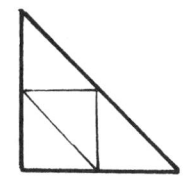

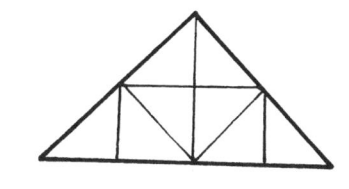

⑥ 平行四辺形を2つ 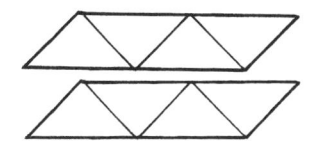　　⑦ 平行四辺形を1つ

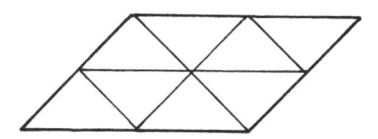

◇何人でも

① リーダーは「正方形を2つ」「三角形を1つ」などと作るものを指示します。
② 8枚のカードをすべて使って、指示されたものを作ります。誰が早いか、挑戦！

◇バリエーション

ここでご紹介したカードは二等辺三角形ですが、コンパスがあれば正三角形のカードも作ってみましょう。4枚で正三角形、6枚で正六角形など、いろいろな形ができます。

… 形で頭の体操②
15 造形遊び

　8枚の三角形のカードを動かしたりひっくり返したりしているうちに，思いがけない形ができて感動しますよ。積木遊びを思い出しながら手を動かしましょう。

◇作るも楽し

　折り紙(15×15センチの大きさが適当，2枚)，厚紙，のり，はさみを用意します。
　「三角形パズル」(p.32参照)と同じ要領で，8枚の三角形のカードを作ります。

◇1人で

　8枚のカードをすべて使って，自由にいろいろな形を作ってみましょう。

頭をきたえるゲーム＆遊び

◇何人でも

それぞれが自分の8枚のカードをすべて使って，全員が同じテーマで形を作ります。出来上がったら作品を見て回ると楽しいですよ。

いろんな「花」ができましたね

16 形で頭の体操③
丸丸づくり

セロハンテープを活用すれば，同じように見えるけれど微妙に大きさの異なる2つの円ができますよ。

◇作るも楽し

　直径9センチくらいの大きさのセロハンテープ，折り紙（15×15センチのもの，同色を2枚），厚紙，のり，はさみを用意します。
① 折り紙の上にセロハンテープを置き，外側の円をえんぴつでなぞります。
② もう1枚の折り紙の上にセロハンテープを置き，内側の円をえんぴつでなぞります。
③ 同様に，厚紙にもセロハンテープの外側，内側の円を書きます。
④ 線に沿って，折り紙と厚紙から4つの円を切り取ります。
⑤ 折り紙を2枚とも下の図のように8つに折って，折り目をつけます。

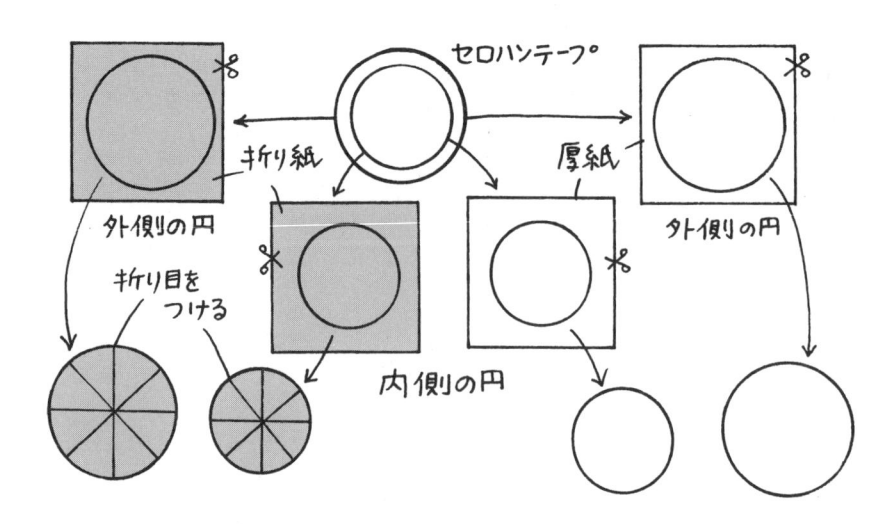

頭をきたえるゲーム＆遊び

⑥　厚紙にのりをぬり，折り紙の白い面と貼り合わせます。このとき，外側の円のもの同士，内側の円のもの同士を貼るように注意します。

⑦　折り目に沿って切り離せば，16枚の扇形のカードができます。

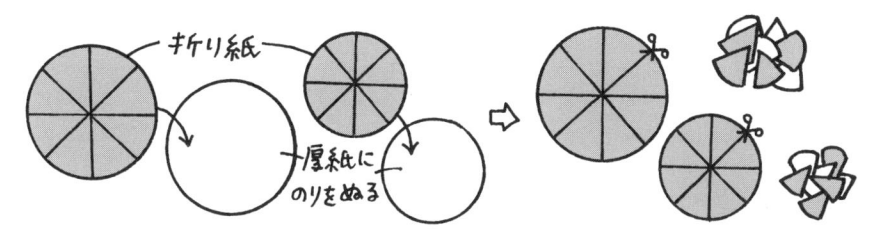

◇1人で

①　16枚のカードをごちゃごちゃにまぜます。

②　カードを組み合わせて，2つのきれいな円を作ります。

◇2人で

①　向かい合って座った2人の前に，ごちゃごちゃにまぜた16枚のカードを置きます。

②　2人が1つずつ円を作ります。

＊2人が同じ大きさの円を作ろうとした場合など，意思の疎通をはかる必要が出てくるところがポイントです。完成したときには2人は意気投合し，満足感があります。

17 形で頭の体操④
図柄合わせ

　読み終えた新聞紙や広告チラシで，よい図柄のものは役立ちますよ。機会あるごとにためておくとよいでしょう。

◇作るも楽し

　1頁全面に広告など1つの図柄が掲載された新聞紙や広告チラシ，はさみを用意します。

　新聞紙や広告チラシを32の紙片になるように切ります（右の図参照）。

　＊紙片は図柄ごとに，クリップではさむなどしてまとめておくとよいです。

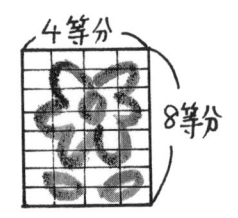

◇1人で

① 　1つの図柄の紙片をごちゃごちゃにまぜます。
② 　紙片を組み合わせて，図柄を復元します。

◇2人で

① 　2つの図柄の紙片をごちゃごちゃにまぜます。
② 　2人で協力して紙片を組み合わせて，2つの図柄を復元します。

18 形で頭の体操⑤
おはじき・お絵かき

　テーマは同じでも，いつも違った絵ができて，想像力が豊かになります。メルヘンの世界へ誘（いざな）ってくれるような絵になって，ロマンチックな気分になりますよ。

◇1人で

　おはじきを30〜50個用意します。
① 　絵のテーマを決めます。
② 　おはじきを並べて，絵を仕上げます。

◇バリエーション

　絵をかく人数やおはじきを増やして，大作に挑戦しても楽しいでしょう。

＊何人かでかく場合は，役割分担を決めるとよいでしょう。

19 文字で頭の体操①
ことばづくり

　奇想天外なことばができて，ウーンとうなったり，ハッと驚いたりして楽しいですよ。

◇何人でも

　ホワイトボード（または黒板），紙，えんぴつを用意します。
① 　リーダーは紙とえんぴつを参加者に配ります。そして，ホワイトボードに，例えば下のように書きます。

あ 〇 〇 〇 な

② 　参加者も，紙に同じように書きます。
③ 　リーダーの「ヨーイドン」の合図で，〇にひらがなを1文字ずつ入れて，5文字のことばを作ります。
　　例）あかいはな　あついかな　あやしいな

頭をきたえるゲーム&遊び

◎ **バリエーション**

最初と最後のひらがなや文字数を変えたりして，いろいろなことばづくりに挑戦してみましょう。

20 文字で頭の体操②
しりとり

ことばの最後が「ん」にならないように考えてみましょう。

◇何人でも

紙，えんぴつを用意します。

① リーダーは紙とえんぴつを参加者に配ります。そして，しりとりの最初のことば（例えば「あか」）を伝え，紙に書くよう指示します。

② リーダーの「ヨーイドン」の合図で，どんどん文字を連ねてしりとりをします。

　　例）あか→かく→くし→しか→カメラ→らくだ→ダンス→すずめ→めがね→ねこ→こじか→からす……

③ 一番多くのことばを書いた人がチャンピオン！

＊同じことばが1つでもあったら失格です。

◇バリエーション

数字のしりとりにも挑戦しましょう。

　　例）21 → 14 → 45 → 58 → 87 → 79 → 95 → 51 → 18 → 86……

21 文字で頭の体操③
奇数画

「書いては消し，消しては書いて……」が結構よい手の運動になります。

◇何人でも

紙，えんぴつを用意します。

① リーダーは紙とえんぴつを参加者に配ります。
② リーダーの「ヨーイドン」の合図で，画数が奇数の漢字をどんどん書きます。

　　例）山，川，三，下，田，四，言
③ 一番多くの漢字を書いた人がチャンピオン！

＊同じ漢字が１つでもあったら失格です。

◇バリエーション

画数が偶数の漢字にも挑戦してみましょう。

22 文字で頭の体操④
漢字完成

　紙の中央からどんどん漢字が増えて，成長していくような気分になります。いろいろな漢字が思い浮かんで楽しくなりますよ。

◇何人でも

　ホワイトボード（または黒板），紙，えんぴつを用意します。
① 　リーダーは紙とえんぴつを参加者に配ります。そして，ホワイトボードの中央に，例えば下のように漢字の一部分を書きます。

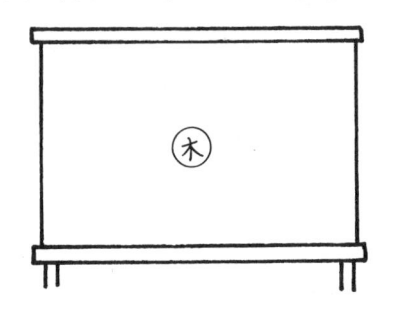

② 　参加者も，紙に同じように書きます。
③ 　リーダーの「ヨーイドン」の合図で，㊍のまわりに，その部分の入っている漢字をどんどん書きます。

頭をきたえるゲーム＆遊び

◇ **バリエーション**

　漢字の代わりに，ひらがな1文字からいろいろな言葉を考えてみましょう。

　例）は→はさみ，おはじき，はな，はくさい，ごはん，はがき，
　　　　　はみがき，あげはちょう，はいしゃ，はんこ，はっけん，はしご

23 文字で頭の体操⑤ 二字熟語

とっさに熟語が思い浮かぶかどうか、いろいろな漢字に挑戦してみましょう。

◇何人でも

ホワイトボード（または黒板），紙，えんぴつを用意します。

① リーダーは紙とえんぴつを参加者に配ります。そして，ホワイトボードに，例えば下のように書きます。

（吹き出し：これと同じように書いて二字熟語をつくってください）

② 参加者も，紙に同じように書きます。
③ リーダーの「ヨーイドン」の合図で，○の中に漢字を1字ずつ入れて，「明」のつく二字熟語を5つ作ります（例えば「明快」「聡明」「黎明」「明星」「明日」）。

頭をきたえるゲーム&遊び

◇バリエーション

中央の漢字や○の数などをいろいろ変えて挑戦しましょう。

24 文字で頭の体操⑥ 都道府県名

都道府県名を書いていくうちに，日本中を旅行している気分になってきますよ。

◇何人でも

ホワイトボード（または黒板），紙，えんぴつを用意します。
① リーダーはあらかじめ，ホワイトボードに下のように書いておきます。

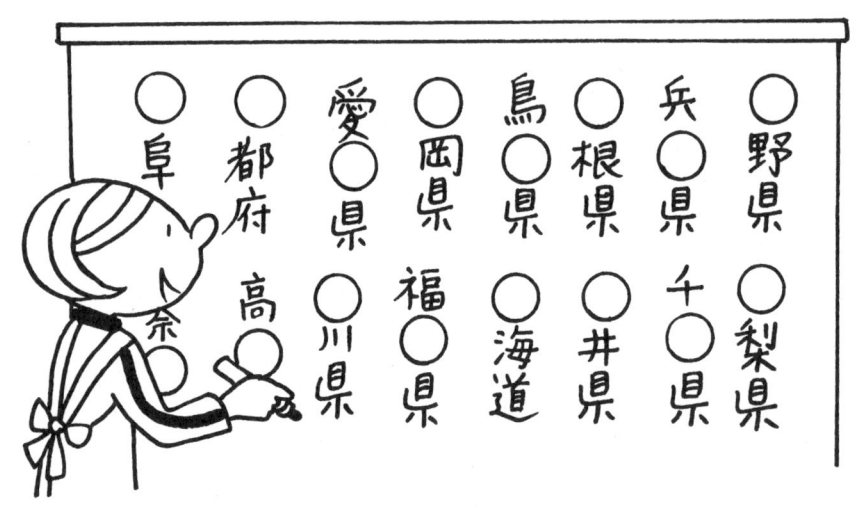

② リーダーは紙とえんぴつを参加者に配ります。
③ リーダーの「ヨーイドン」の合図で，○の中に漢字を1字ずつ入れて都道府県名を完成させます。

◇バリエーション

国名を完成させるようにして，世界旅行気分を楽しむのもよいですよ。また，人名を完成させるようにしても盛り上がります。

体がスッキリする
ゲーム&遊び

1 手や腕を動かす①
なでて，たたいて

　右手と左手が別々の動きですが，ちゃんとリズムに合わせてくださいね。まるでピアノを弾いているような気分になりませんか。

◇1人で

　まずは基本の動きです。

① 手の平でテーブルをなでるように，両手を前後に動かします。

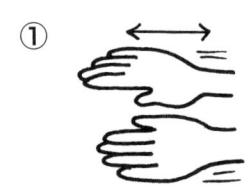

② 両手をゲンコツにして，テーブルをたたくように上下に動かします。

③ ①と②を交互にくり返します。

　ここまでできたら，続けて挑戦してみます。

④ 右手は前後に，左手は上下に，同時に動かします。

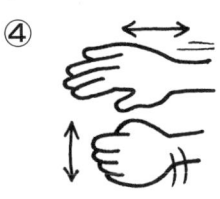

⑤ 右手は上下に，左手は前後に，同時に動かします。

⑥ ④と⑤を交互にくり返します。

体がスッキリするゲーム&遊び

◇バリエーション

「どんぐりころころ」(青木存義作詞,梁田貞作曲)の歌に合わせて,なでたり,たたいたりを交互にくり返しましょう。

♪どんぐりころころ
　どんぶりこ

④の動作をする。

♪おいけにはまって
　さあたいへん

⑤の動作をする。

♪どじょうがでてきて
　こんにちは

再び,④の動作をする。

♪ぼっちゃんいっしょに
　あそびましょう

再び,⑤の動作をする。

2 手や腕を動かす②
おはじき・あてひろい

　かわいらしいおはじきに，子ども時代がよみがえって，心が無邪気にルンルン・ウキウキと弾んできます。

◇1人で

　おはじきを30〜50個用意します。
① おはじきをできるだけたくさん利き手に握ります。
② 指を開きながら，おはじきをテーブルの上にすべらせるようにばらまきます。
③ 隣り合ったおはじきを2つ選び，その間を，人さし指で線を引くようにしてしきります。

　＊指がおはじきにふれたら失格です。

④ 2つのうちの一方のおはじきを人さし指と親指ではじいて，もう一方のおはじきにあてます。あたったら2つとも拾います。

　＊他のおはじきにあてたら失格です。

⑤ ③と④をくり返して，おはじきをいくつ拾うことができるか挑戦！

体がスッキリするゲーム&遊び

◇バリエーション

　おはじきをはじいてあたったら，あたった方のおはじきだけを拾うようにしてもよいでしょう。

今度はあたった方のおはじきだけを拾うのね

パチン

あたった

3 手や腕を動かす③ 碁石とり

　いくつめの碁石か,考えながら拾わないと,こんがらがってパニックになりますよ。

◇1人で―同数拾い

　碁石を30個,紙(B4大くらい)を用意します。

① 紙の上に碁石を適当に置きます。
② 右手と左手で同時に,それぞれ碁石を1個ずつ拾います。
③ 同様に,2個ずつ拾います。
④ 続けて,3個ずつ,4個ずつ拾い,最後は5個ずつ拾えるか挑戦!

◇1人で―**右手増・左手減拾い**

① 紙の上に碁石を適当に置きます。
② 右手で1個，左手で5個，同時に碁石を拾います。
③ 同様に，右手で2個，左手で4個拾います。
④ 続けて，右手で拾う数は1個ずつ増やしていき，左手で拾う数は1個ずつ減らしていきます。最後は右手で5個，左手で1個拾います。

> 右手．3個

> 左手も3個で 大助かり

◇バリエーション

碁石の代わりにビー玉やおはじきで挑戦しても楽しいでしょう。

4 手や腕を動かす④
かたつむりと葉っぱ

「かたつむり」（文部省唱歌）を歌いながら，かわいいかたつむりを作りましょう。

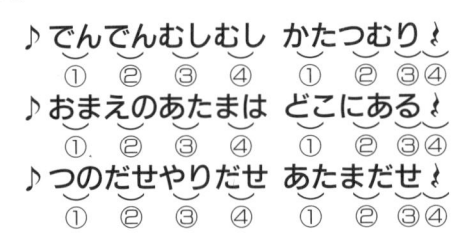

♪でんでんむしむし　かたつむり♪
　①　②　③　④　　①　②　③　④
♪おまえのあたまは　どこにある♪
　①　②　③　④　　①　②　③　④
♪つのだせやりだせ　あたまだせ♪
　①　②　③　④　　①　②　③　④

◇1人で―基本形

歌に合わせて，①〜④の動きをくり返します。

① 左手の葉っぱの上に，
　　右手のかたつむりを乗せます。

② 左手の葉っぱの横に，
　　右手のかたつむりの角をあてます。

③ 右手の葉っぱの上に，
　　左手のかたつむりを乗せます。

④ 右手の葉っぱの横に，
　　左手のかたつむりの角をあてます。

体がスッキリするゲーム&遊び

◇1人で―両手合わせ

歌に合わせて，①〜④の動きをくり返します。

① 両手を1回合わせます。

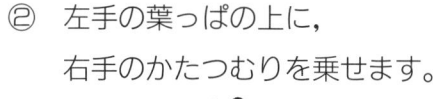

② 左手の葉っぱの上に，右手のかたつむりを乗せます。

③ 両手を1回合わせます。

④ 右手の葉っぱの上に，左手のかたつむりを乗せます。

◇バリエーション

同じ歌に合わせて，指の体操をしてみましょう。最初は両手をグーにしておきます。歌に合わせて，①〜④の動きをくり返します。

① 左手は小指，右手は親指を同時に出します。

② ①の形のままにします。

③ 左手は親指，右手は小指を同時に出します。

④ ③の形のままにします。

5 手や腕を動かす⑤
おうま・肩たたき

「おうま」(林柳波作詞，松島つね作曲)を歌いながら肩たたきをすると，肩がスッキリしてきて，楽しくてさわやかな気分になります。

◇1人で

♪おうまのおやこは

右手をげんこつにし，左肩を8回たたく。

♪なかよしこよし

左手をげんこつにし，右肩を8回たたく。

♪いつでも

右手をげんこつにし，左肩を4回たたく。

♪いっしょに

左手をげんこつにし，右肩を4回たたく。

♪ぽっくり

右手をげんこつにし，左肩を2回たたく。

♪ぽっくり

左手をげんこつにし，右肩を2回たたく。

体がスッキリするゲーム&遊び

♪あ

右手をげんこつにし，
左肩を1回たたく。

♪る

左手をげんこつにし，
右肩を1回たたく。

♪く

1回手をたたく。

◇2人で

　交替で肩をたたき合います。たたき方は1人の場合と同じで，「8→8→4→4→2→2→1→1→1」の回数の変化を意識してたたきます。

59

6 手や腕を動かす⑥
あんたがたどこさ

「あんたがたどこさ」（わらべうた）を歌いながら，1人でほどよい屈伸運動をしてリフレッシュしたり，2人でゲームをしてスリルを感じたり，いろいろな楽しみ方ができますよ。

♪あんたがたどこさ ひごさ ひごどこさ
♪くまもとさ くまもとどこさ せんばさ
♪せんばやまには たぬきがおってさ それをりょうしが
♪てっぽうでうってさ にてさ やいてさ くってさ
♪それをこのはで ちょいとかぶせ

◇1人で―同じところにふれて

「さ」以外は歌に合わせて手をたたいて，「さ」で両手で頭をさわります。

♪あんたがたどこ　　　　♪さ

3回手をたたく。　　　　両手で頭をさわる。

＊以降，歌に合わせて同様に続けます。

◇バリエーション

「さ」で，腰やひざ，足をさわるようにしてみましょう。

体がスッキリするゲーム&遊び

◇1人で—上から順に

「さ」以外は歌に合わせて手をたたいて,「さ」で頭,腰,ひざ,足と,上から順にさわります。

♪あんたがたどこ

3回手をたたく。

♪さ

両手で頭をさわる。

♪ひご

1回手をたたく。

♪さ

両手で腰をさわる。

♪ひごどこ

2回手をたたく。

♪さ

両手でひざをさわる。

♪くまもと

2回手をたたく。

♪さ

両手で足をさわる。

＊以降,歌に合わせて同様に続けます。

61

◇2人で―指とり

2人(A, Bとします)が向かい合います。Aの人は両手を指筒にして, Bの人の前に出します。

♪あんたがたどこ(「さ」以外)

Bの人は指筒に両手の人さし指を入れる。

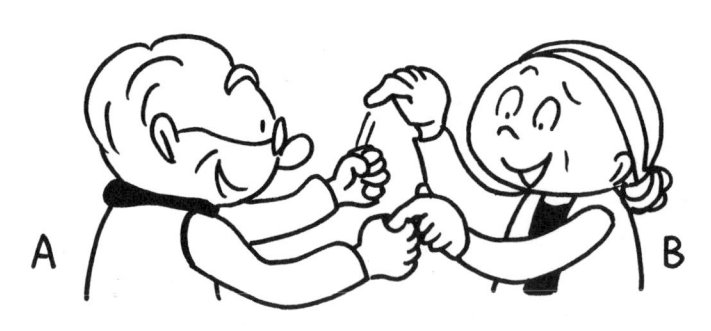

♪さ

Aの人は指筒をぎゅっとすぼめて, 指をつかまえる。
Bの人はつかまらないように, すばやく指を抜く。

＊以降, 歌に合わせて同様に続けます。

体がスッキリするゲーム&遊び

◇2人で―首振り

2人（A，Bとします）が向かい合います。

♪あんたがたどこ（「さ」以外）

Aの人は人さし指を，Bの人の顔の前に出す。

♪さ

Aの人は指で上か下を指す。
Bの人は同時に指で指された方に顔を向ける。

＊以降，歌に合わせて同様に続けます。

◇バリエーション

「さ」で，左か右を指すようにしてもよいですよ。さらに，「さ」で，指された方と反対の方へ顔を動かすようにしてみてもよいでしょう。例えば，Aの人が上を指したら，Bの人は顔を下に向けます。

7 手や腕を動かす⑦
どんぐりころころ

　2人組になって,「どんぐりころころ」(青木存義作詞,梁田貞作曲)の歌に合わせて手合わせをすると,親しみを感じて楽しくなります。

　　　　♪どんぐりころころ　どんぶりこ
　　　　♪おいけにはまって　さあたいへん
　　　　♪どじょうがでてきて　こんにちは
　　　　♪ぼっちゃんいっしょに　あそびましょう

◇ 2人で

　2人が向かい合います。1人はリーダー役,もう1人は模倣役です。

♪ どん 
1回手をたたく。

♪ ぐり 
相手と右手の平同士を合わせる。

♪ ころ 
1回手をたたく。

♪ ころ 
相手と左手の平同士を合わせる。

♪ どんぶりこ　おいけにはまって　さあたいへん
　ここまでのくり返し。

体がスッキリするゲーム&遊び

♪どじょうがでてきて こんにち

6回手をたたく。

♪は

2人同時に両手をげんこつにして、鼻かあごにあてる。

＊♪どじょうがでてきて こんにちは

模倣役が、リーダー役と異なるところにげんこつをあてている間は歌をくり返し、同じところにげんこつをあてたら先に進みます。

♪ぼっ

1回手をたたく。

♪いっ

1回手をたたく。

♪あそびましょう

3回手をたたく。

♪ちゃん

相手と右手の平同士を合わせる。

♪しょに

相手と左手の平同士を合わせる。

◇何人でも

「は」で、模倣役の人がリーダー役の人と異なるところにげんこつをあてるようにしても、楽しいですよ。

8 投げる・キャッチする①
槍を作って, 槍投げ

　おおぜいで槍を投げると壮観です。まるで戦国時代の武将のような気分になれるかもしれませんよ。

◇作るも楽し

　新聞紙, セロハンテープを用意します。
① 新聞紙2枚を広げて重ね, 隅から細く固めに巻いていきます。
② 巻き終わったものをセロハンテープでとめれば, 槍の出来上がりです。

◇1人で

① 槍を持って, できるだけ遠くへ投げます。
② 槍が落ちたところまで行き, またその場所から投げます。

人に向けて投げないように

体がスッキリするゲーム＆遊び

◇何人でも

全員で投げて，誰の槍が一番遠くまで飛んでいったかを競います。

【注意】 槍を投げるときは，人にあたらないようくれぐれも注意します。

9 投げる・キャッチする②
輪を作って，輪投げ

　ゲームや遊びを「やってみたい」と思わせるポイントは"意外性"です。新聞紙が輪になったり，椅子が輪投げ台になったりするなんて，意外でしょう？

◇作るも楽し

　新聞紙，セロハンテープを用意します。
① 新聞紙2枚を広げて重ね，隅から細く固めに巻いてセロハンテープでとめます。
② 巻き終わったものを，親指と人さし指でつぶしながら，輪になるように曲げていきます。
③ 両端を3～5センチ重ね合わせてセロハンテープで巻き，形を整えれば輪の出来上がりです。

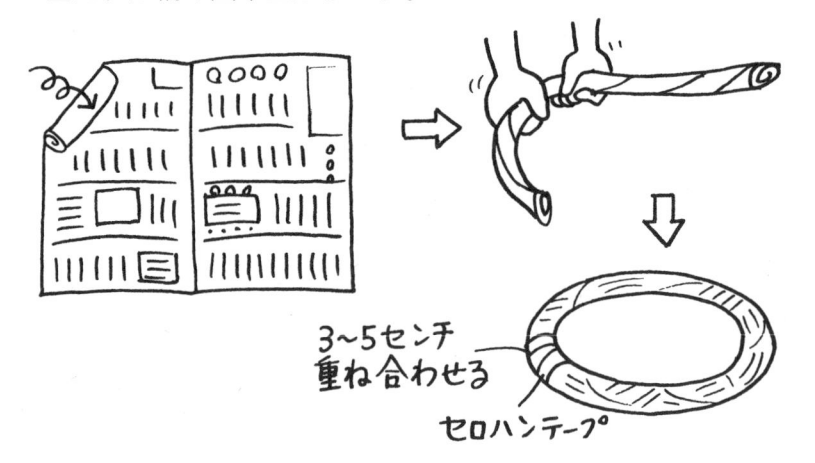

◇1人で

① 椅子をひっくり返して置き，即席の輪投げ台にします。
② 椅子の脚をめがけて，輪投げをします。

体がスッキリするゲーム&遊び

◇バリエーション

- 輪を投げる位置を少しずつ遠ざけてやってみましょう。
- 椅子の4本の脚に輪がかかったときの点数をそれぞれ決めて，得点を競ってみましょう。

◇2人で

相手が投げた輪を，片腕に通すようにして受け取りましょう。交互に投げたり受け取ったりします。

ナイスキャッチ

投げる・キャッチする③
10 輪を作って，輪転がし

　ホースの輪がフニャフニャと転がったり，カーブしてとんでもない方向に行ったりする様子はユーモラスで，思わず笑いがこみ上げてきます。

◇作るも楽し

　ビニールホース（50センチと3センチのもの），はさみ，セロハンテープを用意します。

① 　3センチのホースを切り開きます。幅の三分の一を切り落とし，残りを端から細く丸めます。

② 　①でできたものの両端を，50センチのホースの両端にそれぞれさし込みます。

③ 　セロハンテープで巻けば，輪の出来上がりです。

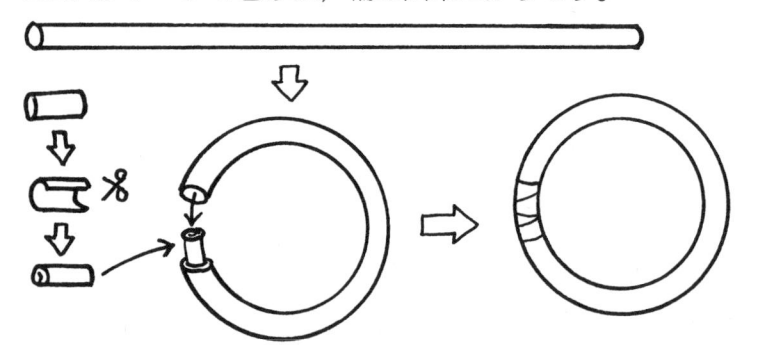

◇1人で

① 　壁から離れた位置で輪を立てて持ち，輪が壁にあたるように勢いよく転がします。

② 　壁にあたった反動で手元に戻ってきた輪を，手でとらえます。

③ 　これを何回できるか，挑戦！

体がスッキリするゲーム＆遊び

「何回できるかしら」

壁

◇何人でも

全員で輪を転がして，誰の輪が一番遠くまで行ったかを競います。

「調子がいいね」

「ありゃりゃ…」

11 投げる・キャッチする④
ケン輪を作って,ケン輪ごっこ

　まるでケン玉をしている気分です。いつでもどこでも,思い立ったら簡単にできて,すぐに楽しめます。

◇作るも楽し

　新聞紙,セロハンテープ,たこひも(1メートルくらい)を用意します。

① 「槍を作って,槍投げ」(p.66参照)の槍づくりと同じ要領で,棒を2本作ります。
② そのうちの1本を使って,「輪を作って,輪投げ」(p.68参照)と同じ要領で,輪を作ります。
③ もう1本の棒の片方の端を7〜10センチ折り曲げて,セロハンテープでとめます。もう片方の端は,たこひもを巻きつけて結んでから,同じように折り曲げて,セロハンテープでとめます。
④ たこひもを輪に結べば,ケン輪の出来上がりです。

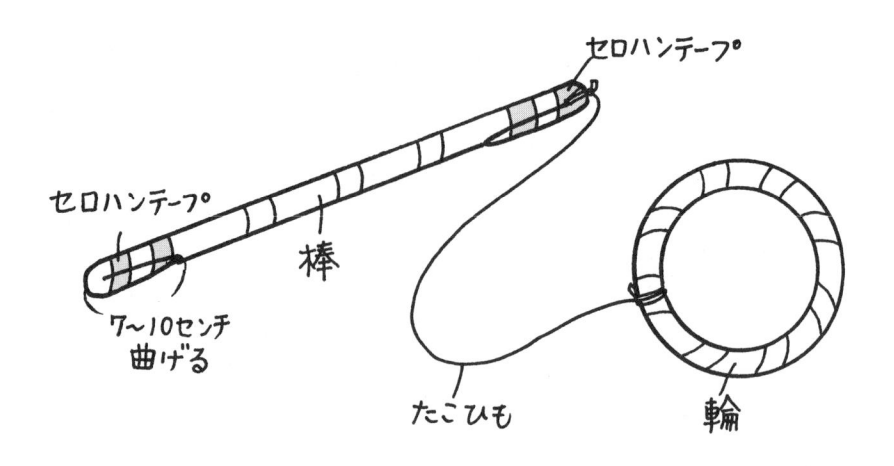

体がスッキリするゲーム&遊び

◇1人で

ケン玉の要領で，輪を棒に通します。

◇何人でも

全員で一斉にケン輪をして，時間内に何回成功させられるか挑戦します。一番多くできた人がチャンピオン！

12 投げる・キャッチする⑤
箱キャッチ

　指示通りに箱をキャッチできるかどうかという緊張感が，集中力や注意力，判断力，敏捷性などを育みます。

◇作るも楽し

　段ボール箱（みかん箱くらいの大きさのものを3個），布テープ，折り紙（赤・黄・緑の3色を各6枚），のりを用意します。

① 段ボール箱のふたと底を布テープでとめます。
② 1つの段ボール箱の6つの面に，同色の折り紙を貼ります。残りの2つの箱にも同様に折り紙を貼れば，3つの箱の出来上がりです。

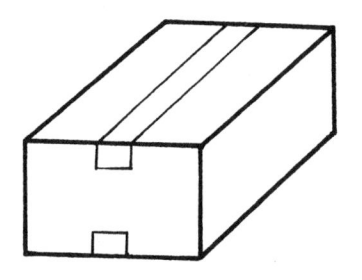

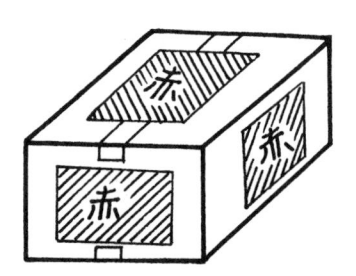

◇1人で

① 3つの箱を積み上げて，両手で持ちます。
② 例えば「緑！」と自分に指示します。
③ 両手をはなし，3つの箱の中から緑色の箱だけを，下に落ちる前に素早くキャッチします。

　＊下の方の箱をキャッチする場合は，手をはなすとき少し放り上げるようにし，その瞬間に箱を手前に引き寄せます。うっかり余分な箱がのらないように！

体がスッキリするゲーム&遊び

◇2人で

1人が指示役になり，キャッチする箱の色を指定します。

13 足を動かす① いちばんはじめは

元気の出るうたで思いっきり体を動かして，健康体操！

いちばんはじめは

わらべうた

いちばん はじめは いちのみや
にーは にっこう とうしょうぐう
さーんは さくらの そうごろう
しーは しなのの ぜんこうじ
いーつつ いずもの おおやしろ
むーっつ むらむら ちんじゅさま
なーなつ なりたの ふどうさま
やーっつ やはたの はちまんぐう
ここのつ こうやの こーぼうさん
とおは とうきょう せんがくじ バンザイ

◇1人で

両腕を大きく振り，両足をできるだけ高く上げて行進すれば"元気印！"です。部屋の広さに関係なく，自由に楽しめます。

♪いちばんはじめは いちのみや
　自分の行きたい方向へ行進する。

♪には にっこうとうしょうぐう
　向きを変えて行進する。

♪さんは〜せんがくじ
　数が変わるたびに方向を変えて行進を続ける。

♪バンザイ！
　大きな声を出してバンザイをする。

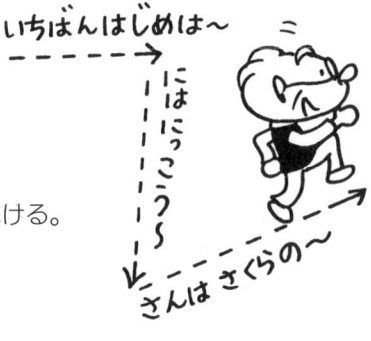

体がスッキリするゲーム&遊び

◇バリエーション

同じ歌に合わせて、腕の上下・前後の屈伸運動もできます。

●上下の屈伸運動

歌に合わせて、1小節ごとに①と②の動きをくり返します。「バンザイ」のときは指先を思いっきり伸ばすようにすると、とても気持ちがよいです。

① 両手をげんこつにして、両ひじを曲げます。

② 両腕を思いっきり上に伸ばしながら両手を開き、バンザイをします。

●前後の屈伸運動

歌に合わせて、1小節ごとに①と②の動きをくり返します。げんこつを脇に戻すと自然に胸が開いて、姿勢がよくなります。

① 両手をげんこつにして脇にくっつけ、両ひじを張ります。

② 両腕を前に押し出しながら両手を開きます。

14 足を動かす②
ジャンケンで前進

「チ・ョ・コ・レ・ー・ト」「パ・イ・ナ・ッ・プ・ル」……。子どもの頃に遊んだ友だちの顔が浮かんできます。

◇2人で

① 最初に，ジャンケンに勝ったときに前進できる歩数を決めます。
　　例）グー：3歩　チョキ：6歩　パー：4歩
② スタートラインに2人が立って，ジャンケンをします。
③ 勝った人は，決めた歩数だけ前進します。
④ どちらが先にゴールできるか，ジャンケンをくり返して前進します。

体がスッキリするゲーム&遊び

◇何人でも

① 最初に、ジャンケンに勝ったときに前進できる歩数を決めます。
② 全員がスタートラインに立ち、「ヨーイドン」で、誰とでもよいのでジャンケンをします。
③ 勝った人は決めた歩数だけ前進し、また別の人とジャンケンをします。負けた人はすぐに別の人とジャンケンをします。
④ 相手を見つけてジャンケンをくり返して前進します。
⑤ 一番早くゴールに到着した人がチャンピオン！

【注意】 前進して止まったときの片足の位置によっては、足元がふらつかないように、もう片方の足を安定する位置に引き寄せてから、次のジャンケンをします。

15 足を動かす③ 真ん中の箱落とし

　だるま落としのようなダイナミックなキックに挑戦！　でもあまり派手にやると，成功率が低いようです。

＊一番上の箱を手前にずらしてから真ん中の箱をけるようにすると，成功率が高くなります。

◇作るも楽し

　段ボール箱(みかん箱くらいの大きさのものを3個)，ガムテープを用意します。

　段ボール箱のふたと底をガムテープでとめます。

◇1人で

① 　3つの箱を積み上げます。
② 　真ん中の箱を片足でけって，上の箱が下の箱の上にのるように，挑戦！

体がスッキリするゲーム&遊び

◇何人でも

① それぞれが3つの箱を積み上げます。
② リーダーの「ヨーイドン」の合図で,それぞれが真ん中の箱を片足でけって,上の箱が下の箱の上にのるようにします。時間内に,誰が一番多く成功させるか,挑戦！

【注意】 けるときにバランスをくずさないよう,椅子の背もたれに手を置いてできるようにするなど,配慮します。

16 足を動かす④
箱回転

　戸外で太陽をサンサンと浴びながら，晴れ晴れとした気持ちでかけ足をするのも最高ですよ。

◇作るも楽し

　段ボール箱（3個），布テープ，折り紙（赤・黄・緑の3色を各6枚），のりを用意します。
　「箱キャッチ」（p.74参照）と同じ要領で，3つの箱を作ります。

◇1人で

① 3つの箱をバラバラに離して置きます。
② 3色のうちのどれかを自分に指示して，その色の箱のまわりをかけ足で2周します。例えば「赤！」と指示して，赤色の箱のまわりを2周します。

体がスッキリするゲーム&遊び

◇何人でも

同じ箱のまわりを他の人と回ることになっても楽しいですよ。

① 3色の箱の数をそれぞれ増やして,バラバラに離して置きます。
② リーダーが指示した色の箱のまわりを,全員が2周ずつ回ります。

「私は歩こう」

◇バリエーション

指示を,例えば「赤と緑!」と2色にして,2つの箱を囲むように回ったり,「赤と緑と黄!」として3つの箱を囲むように回ったりしてみましょう。

「赤と緑」

【注意】 かけ足が無理な場合は,箱の周囲を歩きましょう。

17 足を動かす⑤ 足と手のジャンケン

　相手につられてつい手でジャンケンをしたり，うっかり足でジャンケンをしたり，思わず笑い出してしまう楽しいジャンケンです。

◇2人で

① 　2人が向かい合います。
② 　「ジャンケンポン」で，1人は片手で，もう1人は両足でジャンケンをします。
　　＊あらかじめ，2人のうちのどちらが手でどちらが足か，決めておきます。
③ 　時間内に，相手より多く勝てるように挑戦！
④ 　手と足を交替しながらくり返します。

◇何人でも

① 　参加者の1人がリーダーになって，「ジャンケンポン！」と言いながら，手でジャンケンをします。
② 　同時に，他の参加者も「ジャンケンポン！」と言いながら，両足でジャンケンをします。
③ 　リーダーに負けた人は失格です。最後までリーダーに勝ち続けた人がチャンピオン！

ストレス解消
ゲーム＆遊び

1 声でスッキリ！①
ジャンケン，ワァー！

大きな声を出すことで，緊張がほぐれ，気分が晴れ晴れします。相手の元気な声に刺激されて，思わず大声を張り上げますよ。

◇ **2人で**

① 2人でジャンケンをします。
② 勝った人は，両手を口の横にあてて，「ワァー！」と思いっきり大きな声を出します。

ストレス解消ゲーム&遊び

◇何人でも

① 参加者の1人がリーダーになります。
② 「ジャンケンポン」で,全員が一斉にリーダーとジャンケンをします。勝った人全員で,両手を口の横にあてて,「ワァー！」と思いっきり大きな声を出します。

声でスッキリ！②
ジャンケン，バンザイ・負けました

人に頭を下げられるなんて，何と気持ちのよいことでしょう。ついでに「バンザーイ！」と声を張り上げられるなんて，最高の気分です。

◇2人で

① 2人でジャンケンをします。
② 勝った人は，両手を上げて「バンザーイ！」と思いっきり大きな声を出します。負けた人は，「負けました！」と相手に深く頭を下げます。

＊負けてばかりいる人が出ないよう，配慮してください。

ストレス解消ゲーム＆遊び

◇何人でも

① 参加者の1人がリーダーになります。
② 「ジャンケンポン」で，全員が一斉にリーダーとジャンケンをします。リーダーに勝った人は，両手を上げて「バンザーイ！」と思いっきり大きな声を出します。負けた人は，「負けました！」とリーダーに向かって深く頭を下げます。
③ リーダーを交替しながらくり返します。

3 音でスッキリ！①
パンパンパン

　小さな音を出したり，大きな音を出したり，だんだん大きな音にしたりと楽しんでいるうちに，腕の運動ができて気分までスッキリ！

◇作るも楽し

　新聞紙（2枚）を用意します。
① 2つ折りの新聞紙1枚を，縦が長くなるように置きます。
② 上から下へ半分に折り，さらに半分に……というように，太さ3センチくらいの棒になるまで何度か折ります。
③ もう1枚の新聞紙も同様にして，棒にします。
④ 棒を2本とも半分に折って，折り目をしっかりとつけます。

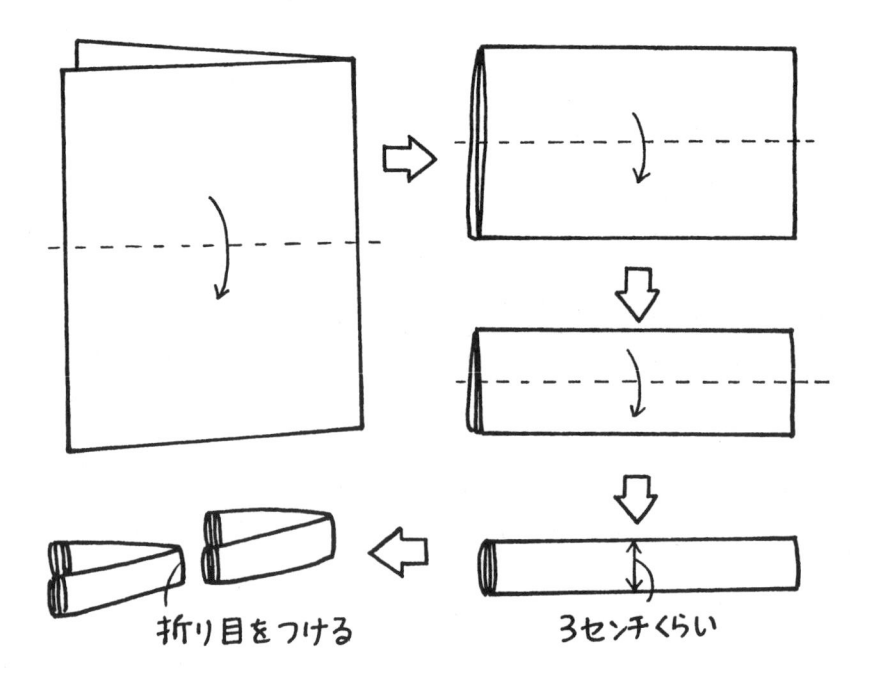

折り目をつける　　　3センチくらい

ストレス解消ゲーム＆遊び

◇1人で

① 2本の棒を，山折りが外側になるように重ね，両端を両手でしっかりと握ります。

② 両手を近づけたり遠ざけたりして，「パンパンパン……！」と音を出します。

◇何人でも

全員で一斉に鳴らします。誰が一番大きな音で鳴らせるか，また長く鳴らし続けるように，挑戦！

◇バリエーション

2本の棒の両端を，輪ゴムでぐるぐる巻いて固定します。これを頭にはめればハチマキになり，折り目に季節の草花をさし込めば「シーズンキャップ」に変身です。

4 音でスッキリ！② 新聞てっぽう

「エイッ！」と気合いを入れて腕を動かすと，パンパンと目の覚めるような音がして，気分爽快です。

◇作るも楽し

新聞紙を用意します。

① 新聞紙を2つ折りにし，4つの角を折りたたみます。
② 左右を合わせます。
③ 上下に折りたたみ，下の図中の↑の部分を開いて中へ折り込んで，閉じます。
④ 反対側も同様に中へ折り込めば，新聞てっぽうの出来上がりです。

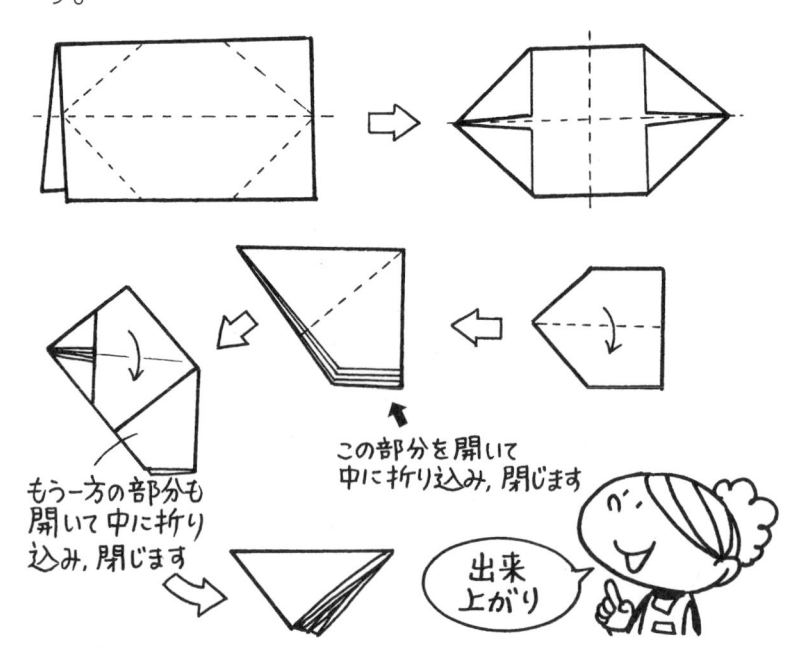

この部分を開いて中に折り込み，閉じます

もう一方の部分も開いて中に折り込み，閉じます

出来上がり

ストレス解消ゲーム&遊び

◇1人で
端を持って力いっぱい振り下ろすと,「パン!」と音が出ます。

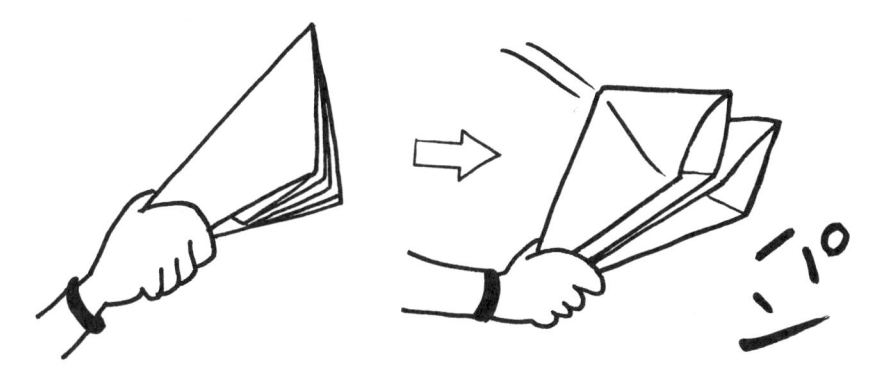

◇何人でも
1人ずつ鳴らして,誰が一番大きな音を出せるか,挑戦!

著者紹介

●三宅邦夫

遊戯研究家。昭和22年3月中日こども会を創立。子どもの福祉と文化活動,生涯教育及び遊び(遊戯)の普及に努め,併せて中高年の健康レクリエーションの創作と伝承,教育講演にも活躍中。

<おもな著書>

『遊びの再発見』(明治図書),『みんなで楽しむ体育あそび・ゲーム事典』『楽しいゲームあそび155』『親と子のふれあい体操BEST47』『健康増進 生き生き体操59』『手づくりカードで楽しむ学習体操BEST50』『毎日が笑って暮らせる生き生き健康あそび45』『おじいちゃん・おばあちゃん・パパ・ママ・子どもみんな笑顔で楽しく遊ぼう!』(以上,黎明書房) 他

●山崎治美

うた遊び・ふれあい遊び研究家。各地の子育て支援講座,保育技術の講習会,中高年の集いなどで指導に活躍中。愛知県立保育大学校講師などを歴任。

<おもな著書>

『つどいと仲間づくりのリズムゲーム集』『つどいと仲間づくりの遊びうたゲーム集』『山崎治美の楽しいわらべうたあそび集』『山崎治美の楽しい遊びうたゲーム集』『山崎治美の楽しいリズムゲーム集』『おじいちゃん・おばあちゃん・パパ・ママ・子どもみんな笑顔で楽しく遊ぼう!』(以上,黎明書房),『とんだりはねたり リズムプレー』(小学館),『ねえ うたってあそんでよ』『さあ いっしょにあそぼうよ』(以上,KTC中央出版)

思いっきり笑える頭と体のゲーム&遊び集

| 2006年6月10日 | 初版発行 |
| 2012年12月30日 | 13刷発行 |

著者	三宅 邦夫
	山崎 治美
発行者	武馬 久仁裕
印刷	株式会社 太洋社
製本	株式会社 太洋社

発行所　株式会社　黎明書房

〒460-0002　名古屋市中区丸の内3-6-27 EBSビル
☎052-962-3045　FAX 052-951-9065　振替・00880-1-59001
〒101-0047　東京連絡所・千代田区内神田1-4-9
松苗ビル4階　☎03-3268-3470

落丁本・乱丁本はお取替します。　ISBN978-4-654-05732-0
© K. Miyake, H. Yamazaki 2006, Printed in Japan
日本音楽著作権協会(出)許諾第0604570-213号